懐かしい小田急・箱根登山・江ノ電・伊豆箱根・伊豆急の写真！

小田急線　南・伊豆の電車

1960年代～70年代の記録

写真：篠原 力　解説：牧野和人

JN001621

◎小田急小田原線　和泉多摩川～登戸　1982（昭和57）年5月17日　撮影：長谷川明

.....Contents

＊小田急電鉄のカラー写真は長谷川明氏撮影、その他の写真はすべて篠原力撮影

蛇行を繰り返して流れる酒匂川(さかわがわ)。富士山麓と丹沢山地を源流として、相模湾へ注ぐ地域を代表する河川である。谷峨付近の谷間に入ると御殿場線は支流の相沢川と共に進む。川に比べて直線的な経路で敷かれた鉄道は、下路ピントラス式の第三相沢川橋梁で峡谷を跨いでいた。
◎御殿場線　小田急3000　谷峨〜駿河小山
1979(昭和54)年1月15日　撮影：長谷川明

小田急電鉄

ブルーリボン賞受賞を祝うヘッドマークを掲出した7000形。車体長や高い位置に配置した運転台等は先代の3100形NSE車と同様としながら、車体に埋め込んだ前照灯や鋭い前端部の傾斜角から、次世代の特急に相応しく速さを協調した姿になった。◎小田急小田原線　7000　新宿　1981（昭和56）年9月13日　撮影：長谷川明

3000形SE車の後継車両として登場した7000形LSE。車体塗装などに従来の小田急ロマンスカーに通じる仕様を踏襲しつつ、当時の世相に合わせた流麗な意匠をまとった特急用電車は、鉄道友の会が選定する翌年のブルーリボン賞を受賞。新宿駅で記念式典が行われた。◎小田急小田原線　新宿　1981（昭和56）年9月14日　撮影：長谷川明

向ケ丘遊園で開催した「蘭 世界博覧会」の宣伝を目的として8000形を充当した「オーキッド号」を運転した。正面に列車名を記したヘッドマークを掲出したほか、車体側面に赤と緑のテープを貼り、元の塗装を生かしたまま装飾を施した。◎小田急小田原線　8552　南新宿　1987（昭和62）年1月23日　撮影：長谷川明

高度経済成長下で計画、建設が進んだ帝都高速度交通営団（現・東京地下鉄）千代田線。1978（昭和53）年に代々木公園駅〜代々木上原駅間が延伸開業して全通を迎えた。同時に小田急との相互直通運転を開始。真新しい高架ホーム上に両社の電車が並び、式典が執り行われた。◎小田急小田原線　代々木上原　6020　1978（昭和53）年3月30日　撮影：長谷川明

帝都高速度交通営団（現・東京地下鉄）千代田線
の全通に伴い、小田急との相互直通運転が始ま
った。拠点駅の一つである町田駅には運転前か
ら告知看板が掛かり、２社の連名と小田急9000
形と営団6000系のイラストが記載されていた。
◎小田急小田原線　代々木上原
1978（昭和53）年３月30日
撮影：長谷川明

3月31日
千代田線⇌小田急線
直通運転開始予定

帝都高速度交通営団
小田急電鉄株式会社

鋼製のトラスが渡された若干古めかしい雰囲気の跨線橋が架かる駅構内に、近代的な雰囲気をまとった特急列車が入線して来た。3100形は1963（昭和38）年に登場。3000形に次ぐ新型特急用車両としてNew Super Expressを略しNSEと称された。◎小田急小田原線　東北沢　1978（昭和53）年3月30日　撮影：長谷川明

非冷房だった頃の4000形。新製車体、制御機器と廃車された旧型車の主原動機を組み合わせて昭和40年代の末期から50年代初頭にかけて製造された。20m級の車体に4扉を備えた通勤型車両である。主原動機は後に廃車された2400形のものに換装されて高性能化、冷房化が図られた。
◎小田急小田原線　東北沢
1981（昭和56）年9月13日
撮影：長谷川明

複々線区間にある駅のホームに停車する普通列車。形式番号の5200形は同系列車両の5000形が登場時に4両固定編成であったのに対して、新製時より6両固定編成であった車両に付された。昭和50年代の姿は、屋上に機器を増設した冷房化後の姿だ。
◎小田急小田原線　5200　東北沢
1981（昭和56）年9月13日
撮影：長谷川明

急行列車として運転する5000形。
複々線区間で駅に停車する普通列車
を抜いて行った。大量製造された通
勤型車両は、製造当時の運輸省（現・
国土交通省）が設定した鉄道車両の防
火基準である「A・A」基準に対応す
べく車体、機器に入念な出火対策を
施された。
◎小田急小田原線　東北沢
1982（昭和57）年5月17日
撮影：長谷川明

江ノ島線へ向かう特急「えのしま」の運用に就く3000形。御殿場線への乗り入れに際し、編成の組み換えなど、各部に改造を加えられた後の姿だ。中央部にあった前照灯は左右に配置され、大型のヘッドサインを掲げている。増設された連結器には角型のカバーが掛かっている。
◎小田急小田原線
SSE「えのしま」 東北沢
1982（昭和57）年5月17日
撮影：長谷川明

複々線区間の急行線を走る
7000形LSEの特急「えのし
ま」。窓周りと共に前面意匠
の一体感を強調する傾斜し
た列車種別表示は、曲面に
合わせて幕を水平方向に巻
き取る構造だ。並行する緩
行線のホームには向ヶ丘遊
園行きの普通列車が停車し
ていた。
◎小田急小田原線
7000　東北沢
1981（昭和56）年9月13日
撮影：長谷川明

特急用車両として1955（昭和30）年
に登場した2300形。3000形SEなど
の新系列車両が特急運用に就くと特
急を補完する準特急に転用された。
さらに急行、普通列車などの運用を
受け持つようになると、3扉ロング
シートの車体を備える通勤型電車仕
様に改造された。
◎小田急小田原線　東北沢
1981（昭和56）年9月13日
撮影：長谷川明

編成をくねらせながら留置線に入る
2600形。新製時には5両編成で運用
を開始した通勤型車両は、1968（昭
和43）年中に全編成が6両化された。
それ以前には将来の8両編成化を念
頭に2両編成の同系車両を連結して
運転する試験が実施された。
◎小田急小田原線
1978（昭和53）年3月30日
撮影：長谷川明

住宅街を切り分けるかのように複線の鉄路が東西に延びる下北沢界隈。ホームの先端部から線路を正面から望むと、起伏
に富んだ地形を見て取ることができる。8500形を先頭にした長編成の急行は、江ノ島線の江ノ島駅と箱根登山鉄道の箱
根湯本駅行きを繋いだ併結列車だった。◎小田急小田原線　8559　下北沢　1986（昭和61）年10月　撮影：長谷川明

普通列車の運用に就く2600形。昭和30年代の半ばから40年代にかけて製造された近代型の車両だ。乗客の収容力を重視した４扉車は小田急の自社発注車として初めてとなった20m級車体を備え、車体幅は車両限界一杯まで拡幅された。◎小田急小田原線　26　千歳船橋　1986（昭和61）年10月23日　撮影：長谷川明

多摩川を渡る2220形の急行列車。丸みの強い妻部は昭和20年代後半から登場した小田急の近代車両群共通の仕様だ。正面周りは先行して製造された2200形が非貫通の2枚窓であったのに対して、本形式では現場の要望に応じた貫通扉を備えた3枚窓の仕様となった。
◎小田急小田原線
2244　和泉多摩川〜登戸
1982（昭和57）年5月17日
撮影：長谷川明

小田急系列の遊園地である向ケ丘遊園で開催した「フラワーショー」の公演20周年に合わせて、2600形による「フラワートレイン」を運転した。車体は白地に赤、オレンジ色のチューリップの花、緑色で葉などを表現した特別塗装が施された。◎小田急小田原線　2666登戸　1982（昭和57）年5月17日　撮影：長谷川明

新製時から特別塗装を施したイベント車両として登場した10両の8000形。多彩な車体塗装で白は当時の通勤車色、オレンジレッドは3000形以降の特急色、イエローは戦後間もない頃の特急色、マルーンは戦前の車両色を模していた。
◎小田急小田原線　8152　SSE
町田　1986（昭和61）年6月26日
撮影：長谷川明

昭和40年代の半ばから50年代までの長きに亘って製造された通勤型電車の5000形。列車種別表示器に赤い「急行」の記載が浮かんでいた。総数180両を大手車両メーカー3社が担当。長期に渡って採用されたアイボーリー地に青い帯を巻いた普通車両用の塗装を新製時からまとっていた。
◎小田急小田原線　登戸　1982（昭和57）年5月17日　撮影：長谷川明

凸型の緩急車トフ104を率いてホームに停車するED1030形＋1040形の重連。集電装置は4基とも上がっており、運転中の工事列車を窺わせる光景だった。小田急では1983（昭和58）年度まで小田原線相武台前駅～小田原駅間に貨物列車の設定があり、自社所属の電気機関車が牽引に当たった。
◎小田急小田原線　小田原　ED1031　104　1986（昭和61）年4月8日　撮影：長谷川明

急曲線をなぞって伝統の街道である東海道との並行区間を行く3100形NSE。高度経済成長期下で増加の一途を辿っていた箱根への観光客に対応すべく昭和30年代後半に登場。以来、長きに亘って小田急ロマンスカーを代表する車両になった。道路には小田原方面へ向かう自家用車が列を成していた。
◎箱根登山鉄道箱根登山線
箱根湯本　1979（昭和54）年3月
撮影：長谷川明

小田原から箱根方の鉄路は箱根登山鉄道の路線だ。小田急の列車は1950（昭和25）年から箱根湯本駅までの乗り入れを開始。特急列車のみならず普通列車も運転され、地元住民の足としても親しまれた。小田急車の乗り入れに際し、箱根湯本駅までの架線電圧は600Vから1500Vに昇圧された。
◎箱根登山鉄道箱根登山線
箱根湯本　1979（昭和54）年3月
撮影：長谷川明

ホームに入線して来た1800形は、「さようなら　昭和21年・56年」と記されたマークを掲出していた。車両の不足が深刻であった第二次世界大戦後の東京急行（大東急）へ、運輸省から国鉄63系電車の割り当てを受けて導入された通勤型電車は、更新化改造を受けながら昭和50年代まで使用された。
◎小田急多摩線　小田急永山　クハ1856　1981（昭和56）年7月12日　撮影：長谷川明

4両編成で運転していた最末期の1800形。1981（昭和56）年7月13日のダイヤ改正で定期運用から離脱した。最終運転日には「さようなら列車」として多摩線での運用に就いた。行き先表示器に記された通り、半日ほどに亘って路線内を往復した。◎小田急多摩線　小田急永山　デハ1809　1981（昭和56）年7月12日　撮影：長谷川明

高い夏の日差しが降り注ぐ行き止まり式のホームに停車する2200形。小型軽量な駆動機器や車体構造が開発され、国鉄、民鉄の各社で従来車と一線を隔す高性能車両がこぞって登場した、昭和20年代の末期に製造されたカルダン駆動方式を採用した車両だった。◎小田急多摩線　小田急多摩センター　1981（昭和56）年7月13日　撮影：長谷川明

昭和36年当時の時刻表

新　宿 ── 箱根湯本 （小田急電鉄）　電　連

36. 7. 1 訂補

初　電		終　電		キロ程	貨	駅　名	初　電				終　電			運転間隔
…	…	449	2321	020	052	0.0	円	発新　宿国着↑	432	513	527	615	033	…	045	普　通
…	…	459	2327	030	102	4.9	10	〃下北沢発	421	501	515	608	022	…	034	新宿──経堂
…	…	506	2332	036	108	8.0	〃	〃経　堂〃	415	456	509	604	016	…	028	4～6分毎
…	512	2337	043	…	11.6	30	〃成城学園前〃	…	450	503	600	010	…	022
…	518	2343	049	…	15.2	40	〃登　戸国〃	…	443	456	553	003	…	015	新宿──相模大野
…	520	2344	051	…	15.8	40	〃向ケ丘遊園〃	…	442	455	551	002	…	014	15分毎
415	445	542	006	113	…	31.0	80	〃新原町田〃	…	454	530	2340	119	…	
417	447	*546	009	115	…	32.7	90	〃相模大野〃	…	431	527	2327	100	…	新原町田─小田原
430	501	559	022	…	42.4	110	〃海老名国〃	…	515	2323	102	…	30分毎
433	503	602	025	…	44.3	110	〃厚　木国〃	…	511	2321	100	…	
435	505	604	027	…	45.6	120	〃本厚木〃	…	508	2318	057	…	休日は多少変更
444	514	613	036	…	52.4	130	〃伊勢原〃	…	500	2310	049	…	7月は多少増発
448	518	617	040	…	56.1	140	〃鶴巻温泉〃	…	455	2305	045	…	あり
457	527	626	049	…	61.9	150	〃大秦野〃	…	448	2258	038	…	
502	552	631	053	…	65.8	160	〃渋　沢〃	…	443	2253	033	…	1～3日
510	540	639	101	…	72.1	170	〃新松田〃	…	432	2245	025	…	急行　615～1005
525	555	654	117	…	82.8	200	着小田原国発↓	…	420	2230	010	…	15分間隔

新宿─御殿場 準急 団 新宿発 730. 845. 1330. 1443 御殿場発 1043. 1223. 1802. 1827 定員制 430円 49頁参照

急行	635	この間	1805	1835	円	発新　宿着	958	この間	2211	左表の他	新宿─小田原
	757	新宿発湯本行	1929	1958	200	〃小田原発↑	836	湯本発新宿行	2050	新宿発 1820─2135	約30
	811	毎時05. 35分発	1942	2013	〃	着箱根湯本発↓	822	毎時21. 51分発	2035	小田原発 551─806	分毎

特急　料金 150円　指定制　　週末料金100円 準特急 指定制

運転日	◎	日曜	毎日	別記	△	別記	日曜	別記	毎日	毎日	○	別記	別記	日曜	1日	準特急 指定制
駅　名	2001	2003	2005	2007	2009	2011	2013	2015	2017	2019	2021	2023	2025	2027	2029	7月1.8日
新　宿発	800	830	900	930	1030	1130	1230	1300	1330	1400	1500	1600	1700	1700	1730	新宿発 2501 1321
小田原着	906	936	1006	1036	1106	1206	1306	1336	1406	1506	1606	1706	1736	1806	1836	〃　2503 1421
箱根湯本着↓	921	951	1021	1051	1121	1221	1321	1351	1421	1521	1620	1720	1751	1821	1851	
運転日	◎	日曜	別記	毎日	毎日	別記	別記	毎日	○	別記	別記	1日	停車駅			7月2日
駅　名	2002	2004	2006	2008	2010	2012	2014	2016	2018	2020	2022	2024	2026	2028	小田原	湯本発 2504 1705
箱根湯本発	943	1015	1043	1113	1213	1313	1413	1443	1513	1543	1643	1743	1843	1913	所要	〃　2506 1735
小田原〃	959	1029	1059	1129	1229	1329	1429	1459	1529	1559	1659	1759	1859	1929	1時間	
新　宿着	1035	1135	1205	1235	1335	1435	1505	1535	1605	1705	1805	1905	2005	2035	38 分	

◎=2日を除く日曜　△=日曜を除く毎日　○=1. 2. 6日を除く毎日

7特運
月転
中急日

2007=1. 3─7日を除く毎日　2011=1. 2を除く土・日曜　2015=2─7日. 日・木曜を除く
毎日　2023=3─7日. 13. 20. 27日を除く毎日　2025=2─7日. 日曜を除く毎日　2006=1─7日
日・木曜を除く毎日　2012=1. 2を除く毎日　2014=3─6日. 木曜を除く毎日
2016=日曜. 7日を除く毎日　2024=3─7日. 木曜を除く毎日　2026=3─7日を除く毎日

新　宿 ── 片瀬江ノ島 （小田急電鉄）　電　連　遊

36. 5. 1 現在

初　電	終電	キロ程	貨	駅　名	初電	終電	運　転　間　隔
…	4 49	23 22	0.0	円	発新　宿国着	6 15	0 33	急行 新宿──江ノ島
4 24	5 42	0 16	31.0	80	〃新原町田発	5 30	23 40	1 06	70分 新宿発 805. 835. 905（平日）
4 33	5 51	0 25	36.9	100	〃南林間〃	5 18	23 30	0 57	835. 905.1005（休日）
4 38	5 56	0 30	40.1	110	〃大　和〃	5 13	23 25	0 53	準急 新宿発 619─2148 約30分毎
4 47	6 05	0 39	46.5	120	〃長　後〃	5 04	23 16	0 44	93分 江ノ島発 512─2050
5 01	6 19	0 50	55.6	120	〃藤　沢国〃	4 53	23 05	0 33	新原町田─江ノ島
5 08	6 26	1 00	60.1	130	着片瀬江ノ島発↓	4 40	22 55	0 10	普通 500─2100 15分他30分毎 更があります

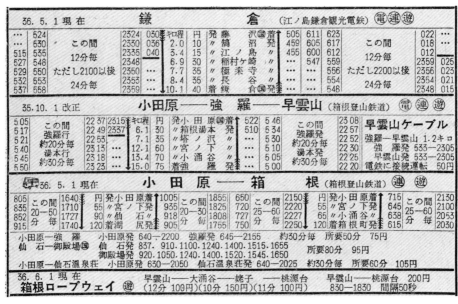

鎌　倉 （江ノ島鎌倉観光電鉄）　電　連　遊

36. 5. 1 現在

…	524		2324	030	キロ程	円	発藤　沢国着	505	611	623		022	…
…	530	この間	2330	036	2.0	10	〃鵠　沼発	459	605	617	この間	018	…
515	535	12分毎	2335	040	3.4	15	〃江ノ島〃	455	600	612	12分毎	012	…
527	548		2348		6.9	30	〃稲村ケ崎〃		547	559		2359	025
529	550	ただし2100以後	2350	…	7.7	35	〃極楽寺〃		556	557	ただし2200以後	2356	023
532	553	24分毎	2353		8.4	35	〃長　谷〃		554		24分毎	2354	021
537	558		2359		10.1	40	着鎌　倉国発↓		548			2348	015

小田原 ── 強　羅 ── 早雲山 （箱根登山鉄道）　電　連　遊

35. 10. 1 改正

5 05	この間	22 37	2315	キロ程	円	発小田原国着	522	5 46	この間	23 08	早雲山ケーブル
5 17	強羅行	22 49	2337	6.1	30	〃箱根湯本〃	510	5 34	強羅発	22 57	強羅─早雲山 1.2キロ
5 21	約20分毎	23 05	…	7.1	50	〃塔ノ沢〃		5 30	約20分毎	22 30	強　羅発 533─2305
5 40	湯本行	23 13	…	12.1	60	〃宮ノ下〃		5 10	湯本発	22 30	早雲山発 533─2305
5 45	約30分毎	23 18	…	13.4	70	〃小涌谷〃		5 05	約30分毎	22 25	電鉄に接続運転 50円
5 50		23 23	…	15.0	75	着強　羅発↓		5 00		22 25	

小田原 ── 箱　根 （箱根登山鉄道）　連　遊

36. 5. 1 現在

805	この間	1640	円	発小田原国着	1005	この間	1855	650	この間	2150	円	〃宮ノ下発	715	この間	2130
835	20～50	1710	55	〃宮ノ下発	935	20~30	1825	720	25~60	2220	55	〃小涌谷〃	645	25~60	2100
852	分毎	1727	90	〃仙　石〃	918	分毎	1808	727	分毎	2227	65	着箱根町発	638	分毎	2053
		1740	120	着湖　尻発			750						615		2030

小田原─強　羅　　小田原発 640─2200　強羅発 645─2155　約30分毎 所要50分 75円
仙石─御殿場国　仙　石発 837. 910.1100.1240.1400.1515.1655　　所要80分 95円
　　　　　　　　御殿場発 920.1050.1240.1400.1520.1545.1650
小田原─仙石温泉荘　小田原発 640─2050　仙石温泉荘発 640─2025　約30分毎 所要60分 105円

36. 6. 1 現在
箱根ロープウェイ 遊

早雲山 ── 大涌谷 ── 姥子 ── 桃源台　早雲山─桃源台 200円
（12分 100円）（10分 150円）（11分 100円）　830─1830　間隔50秒

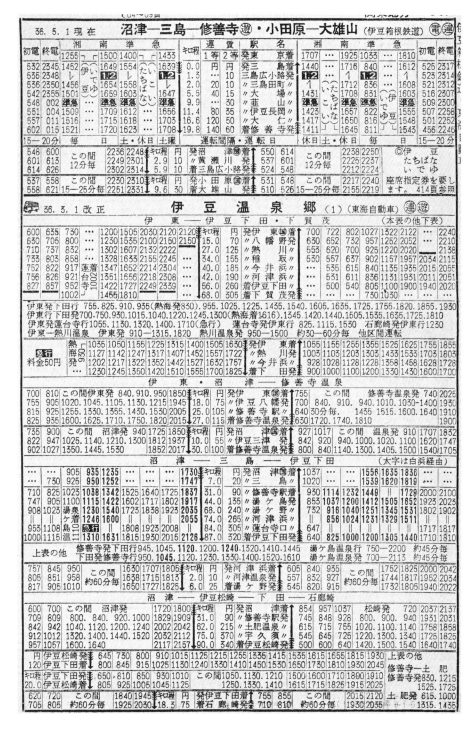

熱海―箱根―小田原・沼津―伊豆長岡 （伊豆箱根鉄道） 36. 5. 1 現在

7 00	7 30	この間熱海発	17 00	17 30	キロ程	円	発熱　　海着↑	8 50	8 55	この間元箱根発	19 25	19 40
7 45	8 15	10―20分毎	17 45	18 15	13.9	85	〃十国峠発↓	8 10	8 15	10―20分毎	18 45	19 00
8 15	8 45		18 15	18 45	25.0	140	着元箱根発↓	7 40	8 25		18 15	18 30

645		この間	1935	円	発小田原着↑	800	この間	2010	720	この間	1705	円	発小田原着↑	1010	この間	1955
725		30―60	2015	65	〃小涌谷発	720	30―40	1930	800	20―40	1745	105	〃小早雲発	930	20―40	1915
745		分毎	2035	95	〃芦ノ湯発	730	分毎	1910	810	分毎	1830	145	〃着湖尻発	920	分毎	1905
755			2045	110	着元箱根発	650		1900	845		1830			905		1955

早雲山―大涌谷―湖尻 15―20分毎運転　'元箱根―駒ケ岳登り口 20―50分毎運転　所要約90分　110円
湯河原―元箱根　湯河原発 940.1005.1030.1100.1130.1323　元箱根発1145.1245.1330.1415.1520.1545

十　国　峠　十国登り口―十国峠 0.3キロ 747―1835 8分毎 上り30円下り25円 往復 50円
駒ケ岳ケーブル　駒ケ岳登り口―頂上 0.7キロ 800―1900 10分毎 片道60円 往復 100円

沼津―三島―修善寺・小田原―大雄山 （伊豆箱根鉄道） 36. 5. 1 現在

初電	終電	湘南	準急				キロ程	運賃	駅　名		湘南	準急			初電	終電
		1255	1500	1400		1433		1等 2等	発東　京着	1707	…	1925	1033	…	1810		
532	2345	1452	1649	1554		1639	0.0	円 円	発三島着	1440	…	1716	840		1612	525	2317
536	2348						1.3	10 10	三島広小路発			1712	836		1603	523	2314
536	2350	1456	1654	1558		1647	2.0	20 10	〃三島田町〃	1431		1708	831		1603	516	2307
542	2355	1501	1659	1603		1656	5.5	40 15	〃大場〃								
548	002	準急	…	準急	準急		9.9	80 30	〃韮山〃	準急		準急	準急		準急	509	2301
551	004	1509	…	1709	1612	1656	11.4	80 35	〃伊豆長岡〃	1423		1657	822		1555	507	2258
557	011	1516		1715	1618	1703	16.6	120 50	〃大仁〃	1417		1650	816		1548	501	2252
602	015	1521		1720	1623	1708	19.8	140 60	着修善寺発	1411		1645	811		1543	456	2246

15―20分　毎　日　土・休日　土曜　運転間隔・運転日　休日　土・休日　日　15―20分

548	600	この間	2236	2248	キロ程	円	発沼津着↑	550	614	この間	2238	2250
601	613	12分毎	2249	2301	2.9	10	〃黄瀬川発	537	601	12分毎	2225	2237
614	626		2302	2314	5.9	10	着三島広小路発	524	548		2212	2224

537	558	この間	2230	2301	キロ程	円	発小田原着↑	531	548	この間	2017	2240
558	621	15―25分毎	2251	2310	9.6	30	着大雄山発	510	526	15―25分毎	2155	2219

伊豆温泉郷 (1) （東海自動車）　36. 3. 1 改正

伊　東――伊　豆　下　田・下　賀　茂 （本表の他下表）

600	635	730	…	1200	1505	2030	2120	2120	キロ程	円	発伊　東着↑	700	722	802	1027	1322	2122	2240
630	705	800	…	1230	1535	2100	2150	2150	15.0	70	〃八幡野発	630	652	732	957	1252	2052	2210
710	737	832	…	1302	1607	2132	2222		27.0	125	〃熱川〃	553	620	700	925	1220	2020	2138
733	803	858	…	1328	1633	2155	2245		34.0	155	〃稲取〃	530	557	637	902	1157	1957	2034	2115
752	822	917	蓮着	1347	1651	2214	2304		40.0	175	〃今井浜〃	…	535	615	840	1135	1935	2015	2055
756	826	921	台寺	1351	1656	2219	2308		42.0	190	〃河津浜〃	…	531	611	836	1131	1931	2011	2051
827	857	952	寺	1422	1727	2249	2339		56.0	260	着伊豆下田〃	…	500	540	805	1100	1900	1940	2020
		1002		1455		1810			68.0	305	着下賀茂発	…	…	…	730	1030			

伊東発ト田行 755.825.910.935(熱海発830).955.1025.1225.1435.1540.1635.1725.1755.1820.1855.1930
伊東行下田発700.750.930.1015.1040.1220.1245.1300(熱海着1616).1345.1420.1440.1605.1635.1635.1725.1810
伊東発蓮台寺行1055.1130.1320.1400.1710(急行)　蓮台寺発伊東行 825.1115.1530　石廊崎発伊東行1230
伊東―熱川温泉　伊東発 910―1315.1820　熱川温泉発 950―1500　約30―60分毎　他区間運転

急行 料金50円	熱海930発	1035	1050	1225	1315	1450	1550	1630	発東着↑	1055		1225	1755	1855
		1127	1142	1247	1317	1407	1452	1557	1722	〃熱川発	1003	1103	1303	1433	1533	1703	1803
		1202	1217	1322	1342	1452	1527	1632	1757	〃今井浜〃	928	1028	1128	1258	1358	1458	1628	1728
		1230	1245	1350	1420	1510	1555	1700	1825	着下田発	900	1000	1100	1230	1330	1430	1600	1700

伊　東・沼　津――修善寺温泉

700	810	この間伊東発 840.910.950	1830	1945	キロ程	円	発伊　東着↑	755	この間	修善寺温泉発 740	2025
755	905	1000.1045.1105.1130.1215	1945		18.0	105	〃伊豆八幡発		800. 910. 940.1010.1030―1400	1930
815	925	1255.1330.1355.1430.1530	2005		25.0	105	〃修善寺〃	640	30分毎. 1435.1515.1600.1640	1910
		1600.1625.1710.1740.1810	27.0	120	着修善寺温泉発	630	1720.1740.1810	1900

伊　東・沼　津――修善寺温泉
沼津発

735	900	この間　沼津発 940	1725	1830	キロ程	円	発沼津着↑	927	1017	この間　温泉発 910	1707	1832
822	947	1025.1140.1210.1300	1812	1937	10.0	55	〃伊豆三津発	842	940. 1010.1100	1620	1747
902	1027	1350.1445.1530	1852	2017	30.0		着修善寺温泉発	800	840.1140.1300.1505.1600	1540	1705

沼　津――三　島――伊　豆　下　田 （太字は白浜経由）

…	…	905	935	1235			1730		キロ程	円	発沼津着↑	1037	…		1556	1836	…
…	…	730	950	1252			1747		7.0	20	〃三島〃	1020	…		1539	1620	1819	…
710	825	1023	1038	1342	1525	1640	1725	1837	31.0	90	〃修善寺駅着	930	1114	1232	1449		1729	2000	2100
747	905	1100	1115	1422	1602	1717	1802	1917	44.0	135	〃湯ケ島発	853	1037	1200	1412	1505	1652	1733	2023
908	1023	湯泉	1230	1540	1723	1838	1923	2035	68.0	240	〃湯ケ野〃	732	916	1040	1231	1345	1531	1802	1902
||		ケ島	1246	1600	||	1923	2008	2055	74.0	265	〃河津浜〃	||	856	1024	1231	1329	1511	||	||
953	1108	温着	急行		1808	1923	2008	||	84.0	305	〃蓮台寺口〃	647	||	825	1000	1200	1305	1717	1817
1000	1115	温着	1310	1631	1815	1930	2015	2126	87.0	320	着伊豆下田発	640	825	1000	1200	1305	1440	1710	1810

上表の他	修善寺発下田行945.1045.1120.1200.1240.1320.1410.1445	湯ケ島温泉行 750―2200　約45分毎
	下田発修善寺行950.1045.1120.1230.1330.1400.1520.1610	湯ケ島温泉発700―2113　約45分毎

757	845	950	この間	1630	1707	1805	キロ程	円	発河津浜発↑	605	840	935	この間	1752	1825	2000	2042
805	851	958	約60分毎	1638	1715	1813	2.0	10	〃河津温泉発	557	832	927	約60分毎	1744	1817	1952	2034
817	905	1010		1650	1727	1825	6.0	25	着湯ケ野発	545	820	915		1732	1805	1940	2022

沼　津――伊豆松崎――下　田――石廊崎

600	700	この間 沼津発	1720	1800	キロ程	円	発沼津着	854	957	1037	松崎発	720	2037	2137
709	809	800. 840. 920.1000	1829	1909		90	〃修善寺駅発	745	848	928	800. 900. 940	1931	2031
842	942	1040.1120.1200.1240	2042		62.0	215	〃土肥温泉〃	615	715	755	1000.1100.1140	1758	1858
912	1012	1320.1400.1440.1520	2032	2112	75.0	370	〃宇久須〃	545	645	725	1200.1300.1340	1725	1825
957	1057	1600.1640	2112		90.0	340	着伊豆松崎発	500	600	640	1420.1520.1640	1725	1740

円	伊豆松崎発↓	645	730	800	910	1010	この間	1215	1335	1435	1535	1615	1815	1930	上表の他
120	伊豆下田着↑	800	845	915	1025	1110	1240	1330	1410	1450	1650	1730	1810	1930	2045	修善寺―土　肥
キロ程	伊豆下田発↓	650	810	850	930	1010	この間	1500	1600	1710	1800	1910	修善寺発830.1215
20.0	伊豆松崎着↑				1210		1330.1410.1510	1615	1715	1815		1725.1725

620	720	この間	1840	1945	キロ程	円	発伊豆下田着↑	755	855	この間	2015	2120	土肥発 615.1000
705	805	約60分毎	1925	2030	18.3	75	着石廊崎発↓	710	810	約60分毎	1930	2035	1315.1435

小田急電鉄

沿線に雑木林が点在していた昭和40年代の世田谷区成城界隈。行き交う普通列車はまだ短編成でのどかな雰囲気が漂っていた。2400形は昭和30年代半ばに登場。ダークブルーとオレンジイエローの２色塗装は、当時の通勤型車両に施された標準色だった。◎小田急小田原線　クハ2450他2400系４連　成城学園〜喜多見　1968（昭和43）年３月24日

荷物電車として運転するデニ1000形。小田原線の創業期に製造されたモニ１形が元の形式である。４両が製造され、デユニ1000形として小田急電鉄時代まで生き永らえた２両は車体を載せ替え、1971（昭和46）年に郵便室を廃止してデニ1000形と改称した。◎小田急小田原線　上り荷電　デニ1001　新原町田　1963（昭和38）年９月８日

川音川を渡る気動車列車はキハ5000形。小田急線と国鉄御殿場線の直通運転に際して導入された、電鉄会社所属の気動車だった。ヘッドマークを掲出して特別準急「長尾」の運用に就く。通常は単行での運転だった。
◎小田急小田原線　下り特準「長尾」御殿場行　キハ5001　渋沢〜新松田　1963(昭和38)年1月13日

キハ5000形の単行で運転する
特別準急「長尾」。先発の「銀
嶺」「芙蓉」がいずれも富士山
に因んで命名されたのに対し
て、本列車名は箱根の外輪山
で神奈川県と静岡県の境界付
近となる長尾峠に因んだもの
だった。
◎小田急小田原線
下り特準「長尾」キハ5002
伊勢原
1968 (昭和43) 年 1 月21日

眩いばかりの西日が差す中を小田原方面へ走る1600形。第二次世界大戦中後に製造された通勤型車両である。運転席上には日除けが被さっていた。円形の列車種別表示に記された「廻」の文字は回送列車を指す。
◎小田急小田原線　下り回送1653＋1603＋1610＋1660 4連　渋沢～新松田　1963（昭和38）年1月13日

切妻形の正面周りが実用本意の車両であることを窺わせていた1800形。小田急では初となった20m級の車体を備え、第二次世界大戦後の同社における輸送力の増強に貢献した。各部の仕様は旧国鉄63系電車と同様だった。
◎小田急小田原線　下り各停小田原行1852+1802　渋沢～新松田　1963（昭和38）年1月13日

昭和初期に小田原急行鉄道が開業した江ノ島線に投入された201形。第二次世界大戦中に東京急行電鉄（大東急）と合併すると東急デハ1350、クハ1300形と改称し、小田急として東急から独立した際に形式名をデハ1400、クハ1450形と変えた。
◎小田急小田原線　下り各停　1454＋1200＋1200　渋沢〜新松田　1963（昭和38）年1月13日

特急列車の増備用として製造された2320形は、2220形のセミクロス版として登場し、昭和30年代半ばに準特急へ転用された。それに伴い全てクロスシートだった車内の座席配置はセミクロスシートの仕様となり、扉の数は特急時代と同じ2か所であるものの、より中央寄りへ移設する改造を受けた。
◎小田急小田原線　下り回送　2328他4連　渋沢〜新松田　1963（昭和38）年1月13日

秦野市の西側に位置する渋沢駅界隈は
小田原線で最も標高が高い地域だ。郊
外部には田園が続き、長閑な山里の風
景が広がっていた冬晴れの日。西側に
開けた谷筋の端山越しには、冠雪した
富士山がそびえていた。
◎小田急小田原線
下り各停1200＋1200＋1450
渋沢～新松田
1963（昭和38）年1月13日

四十八瀬川を渡る3両編成の普通列
車。上下線で別個に架かる橋梁は沿線
の急峻な地形を現わしているかのよう
だ。小田原線は1927（昭和2）年4月
に全線が開業。さらに同年10月に当初
は単線区間だった稲田登戸（現・向ケ
丘遊園）〜小田原間が複線化された。
◎小田急小田原線　下り各停小田原行
1450＋1200＋1200　渋沢〜新松田
1963（昭和38）年1月13日

第二次世界大戦下で東京急行電鉄（大東急）が導入した1600形。電動制御車と制御車を交互に連結した４両編成で普通列車の運用に就く。ウインドウ・ヘッダーに並ぶリベットが、一世代前の技術を踏襲した物不足の製造時期を窺わせていた。
◎小田急小田原線　下り各停1604＋1654＋1653＋1603　渋沢〜新松田　1967（昭和42）年10月22日

箱根登山鉄道の箱根湯本駅まで乗り入れる急行運用に就く2400形。制御車と中間電動車の全長は3m以上異なり、同形式の
3扉車ながら大柄な異なる形式の中間車が編成の間に収まっているかのような印象を受ける。
◎小田急小田原線　下り急行2462＋2412＋2411＋2461　渋沢～新松田　1967（昭和42）年10月22日

急曲線を描く橋梁を渡るクハ1450形とデハ1200形の3両編成。電動車は制御機器内のカムを動かす給電方式を変更する改造を変更する改造を受けHB車と呼ばれた。
◎小田急小田原線　下り1452＋1212＋1211　渋沢〜新松田　1967（昭和42）年10月22日

特急「はこね」のヘッドサインを掲出して、箱根山麓の温泉地箱根湯本を目指す3100形NSE。運転室を2階部へ上げ、客席を車両の最前部にまで設置した前面展望方式は、観光特急にふさわしい設えだった。
◎小田急小田原線　下り特急「はこね」3100系　渋沢〜新松田　　1967（昭和42）年10月22日

5両編成の身軽な姿で運転する3000形SE。特急「あしがら」。列車毎に名称が付けられ、16種類に上っていた箱根特急は1963（昭和38）年に「あしがら」「あしのこ」「はこね」「きんとき」「おとめ」の5種類に整理された。
◎小田急小田原線　下り特急「あしがら」3000系　渋沢〜新松田　1968（昭和43）年1月21日

鋼製トラスの架線柱が建ち並ぶ山間区間を、単行で軽快に駆け抜ける小田急キハ5000形の特別準急「芙蓉」。国鉄御殿場線
へ乗り入れる列車は小田急線内を特別準急、国鉄線内を準急として運転した。
◎小田急小田原線　下り特準「芙蓉」キハ5001　渋沢〜新松田　1968（昭和43）年1月21日

国鉄御殿場線の御殿場駅まで足を延ばす特別準急「芙蓉」。全線が電化されている小田原線を、自社所属の気動車が単行で走る様子は奇異でもあった。列車名は秀峰富士の別名に由来する。掲出したヘッドマークには列車名と共に優美な山容が描かれていた。◎小田急小田原線　下り特準「芙蓉」キハ5102　渋沢〜新松田　1967（昭和42）年10月22日

全長が制御車と中間電動車で大きく異なる2400形は、同期の他形式車両に比べて編成全体の収容人員が少なかった。そのため輸送量増加への対応策として、停車駅が少ない急行運用に充当される機会が多くなった。
◎小田急小田原線
下り急行2400系４連　渋沢〜新松田
1968（昭和43）年１月21日

ゆったりとした曲線を描く築堤上を滑
るように走る2400形の箱根湯本行き
急行。3扉は普通列車用の仕様だ。昭
和30年代半ばに製造され、全金属製の
車体を載せた近代車両だが、当時の落
ち着いた色彩の塗装が良く似合ってい
た。
◎小田急小田原線
下り急行2400系4連　渋沢〜新松田
1968（昭和43）年1月21日

早川の谷間を行く1900形4両編成の
急行列車。登場時には2両で運用され
る機会が多かった3扉車は輸送量の増
加に伴い、多くが4両固定編成化され
た。正面の窓周りはHゴム化されてい
るが、前照灯は小振りな1基仕様で原
形の表情を色濃く留めていた。
◎小田急小田原線
下り急行1900系4連　渋沢〜新松田
1968（昭和43）年1月21日

両編成を2組連結したデハ2200形の新宿行急行。国鉄80系等に似た湘南型の面持ちだった。正面には行先表示と列車種別
表示板を掲出している。国鉄との連絡線が介在する新松田駅周辺は、昭和30年代当時、山里の雰囲気を色濃く残していた。
◎小田急小田原線　上り急行新宿行　デハ2206＋デハ2205＋デハ2204＋デハ2203　新松田　1958（昭和34）年1月4日

新原町田駅までの区間運用に就く1900形2両編成の普通列車。小田急が東京急行電鉄（大東急）から分離独立してから導入された戦後生まれの車両だが、茶色に塗られたウインドウ・シルヘッダー付きの車体は、古豪を想わせる風格を備えていた。
◎小田急小田原線　上り各停クハ1963＋デハ1913　新松田　1958（昭和33）年1月4日

4両編成で急行運用に就くデハ1900形。第二次世界大戦後に東京急行電鉄（大東急）から独立した小田急電鉄が初めて新製した車両だった。新製時から約5年間は小田原線の特急に充当され、「ロマンスカー」の名称を浸透させた。
◎小田急小田原線　上り急行新宿行　デハ1906＋クハ1956＋クハ1955＋デハ1905　新松田　1958（昭和34）年1月4日

四十八瀬川から川音川へ続く谷間に延び
る区間では、西側の端山越しに富士山が
優美な稜線を覗かせていた。秀峰の麓か
ら飛び出して来たかのように、3000形の
特急「乙女」が直線区間を疾走して来た。
◎小田急小田原線
上り特急「乙女」3000系
新松田〜渋沢
1963（昭和38）年1月13日

足柄山系を遠望する新松田駅に新宿行の急行列車が入って来た。2200形は組成する全ての車両を電動車とした力強い走り
が評価され、新宿駅と箱根登山鉄道箱根湯本駅の間を直通運転する急行に限定運用された。◎小田急小田原線　小田原線上
り急行新宿行デハ2203＋デハ2204＋デハ2205＋デハ2206　新松田　1958（昭和33）年1月4日

小田原線の前身である小田原急行鉄道時代に製造された101、121、131形。1942（昭和17）年に同社が東京急行電鉄（大東急）と合併し、形式名を東急デハ1200形と変更した。東急から独立した小田急に在籍後も形式名は踏襲された。
◎小田急小田原線　上り各停新宿行1202＋1201＋1454　新松田〜渋沢　1963（昭和38）年1月13日

ヘッドサインを掲出して特急「はこね」の運用に就く3000形。制御車前面の形状は空気抵抗の減少に配慮した流線形。運転台下の中央部に2基設置した前照灯には、国内鉄道車両では初となったシールドビームを採用した。
◎小田急小田原線　下り特急「はこね」3000型SE車　新松田付近　1963（昭和38）年1月13日

富士山を遠望する田園地帯を進む1800
形の普通列車。当時は2両の短編成だっ
たが、4枚扉を備える20m級車両の姿は、
鉄道沿線の宅地開発などによる人口増加
で、来るべき大量輸送時代を予感させた。
◎小田急小田原線
上り各停1800系2連　新松田〜渋沢
1963（昭和38）年1月13日

急行として4両編成で重厚感漂う姿を現した2400形。製造、運転上で経済性を重視した車両であったことから同様の意味を表す「High Economical Car」の略称として「HE車」の愛称が設定された。
◎小田急小田原線　上り急行新宿行2451＋2401＋2402＋2452　新松田～渋沢　1963（昭和38）年1月13日

連接車体を連ねた11両編成が冬枯れの山間に舞った。3100形NSEは特急用車両として1963（昭和38）年に登場。前面展望席、
連接の車体構造は後発の特急用車両へ踏襲されて、昭和の小田急特急を想い描かせる鍵になった。
◎小田急小田原線　上り特急「はこね」3100系　新松田〜渋沢　1968（昭和43）年1月21日

両開き式の客室扉を4か所に備え、近代的な通勤型車両らしい姿の2600形。先に登場していた2400形の経済性を重視した
設計思想を踏襲する車両として「New High Economical Car」を略した「NHE」の愛称が付けられた。
◎小田急小田原線　上り2853他5連　新松田〜渋沢　1967（昭和42）年10月22日

丸窓が側面に並ぶ箱型の車体が個性的なED1020形電気機関車。1930（昭和5）年に川崎車輌（現・川崎車両）で製造され、
小田原急行鉄道が101形として導入した。東京急行電鉄（大東急）の発足時にデ1020形と改番された。
◎小田急小田原線　ED1021（経）＋貨車　小田原　1963（昭和38）年10月19日

新製から間もない頃の3000形。特急「はこね」として小田原線の終点である小田原駅に停車する。当駅は箱根登山鉄道の
鉄道線との境界であり、ホームを覆う上屋には特急列車の運転を宣伝する文言を記した看板が立っていた。
◎小田急小田原線　下り特急「はこね」3000系　　小田原　1958（昭和34）年1月4日

山を下って小田原の市街地へ向かう鉄道線は、国道1号と交差する辺りから東海道本線と並行して小田原駅へ向かう。傍らには東海道新幹線の工事を請け負う建設会社名入りの工事看板が建っていた。◎箱根登山鉄道　上り特急「あしがら」小田急車デハ3000系11連　箱根板橋〜小田原　1962（昭和37）年3月3日

小田原城址の西側は、学校や競技場が建つ丘陵地だ。鉄道線は東海道本線と共にトンネルで城山地区を抜ける。箱根へ向かう登山電車は、早くも電動機を力強く響かせつつ、柔らかな吊り掛け駆動の音と共にトンネルから飛び出して来た。◎箱根登山鉄道　下り強羅行モハ103　小田原〜箱根板橋　1962（昭和37）年3月3日

小田急の列車が乗り入れる箱根登山鉄道の終端である箱根湯本駅。「新宿」と記された行先表示板を掲出した2200形の急行列車が折り返し運転に備えて停車していた。丸みを帯びた妻面と正面2枚窓の組み合わせは愛らしい表情で、現場や愛好家の間で「ネコ」と呼ばれた。◎箱根登山鉄道箱根登山線　小田原線上り急行新宿行　デハ2201＋デハ2202＋デハ2203＋デハ2204　箱根湯本　1957（昭和32）年9月30日

特急用の増備車として製造され、第二次世界大戦後の箱根旅行ブームを支えた1700形。昭和30年代には、特急運用を後発の新型車両に譲った。普通列車への転用に伴い3扉、ロングシート化されたが、幅が広い大きな客室窓に元特急用車両の優雅な雰囲気を残していた。◎箱根登山鉄道箱根登山線　急行新宿行　OERデハ1704　箱根湯本　1958（昭和33）年1月4日

特急列車として活躍していた頃の
2300形。青と黄色の車体塗装は当時
の小田急特急色である。制御車の正面
周りは新製時に流行した旧国鉄80系電
車等に似た2枚窓の仕様。車体側面の
窓下には小田急の略称であるOERをデ
ザイン化したプレートが貼られてい
た。
◎箱根登山鉄道箱根登山線
上り特急「明神」
OERデハ2304他　箱根湯本
1958（昭和34）年1月4日

箱根山麓の温泉街に設置された鉄道玄関口の箱根湯本駅に停車する2300形。狭窓にクロスシートが並ぶ優等列車らしい設えである。正面に掲出するヘッドマークには特急「明神」の記載が見える。当時は特急列車ごとに異なる名称が付されていた。
◎箱根登山鉄道箱根登山線
上り特急「明神」
OERデハ2304＋デハ2303＋
デハ2302＋デハ2301　箱根湯本
1958（昭和34）年1月4日

国鉄御殿場線

御殿場駅は自社線から御殿場線へ乗り入れる小田急車にとっての終点である。幾条もの側線があるゆったりとしたホームを後にするのは、折り返しの上り列車となったキハ5100形。御殿場準急の専用車両は紫煙をくゆらせながら、足柄山麓の勾配区間を目指して行った。
◎御殿場線　上り2702D特別準急「銀嶺」新宿行　小田急キハ5102出発　松田　1963（昭和38）年9月8日

1955（昭和30）年に小田原線新松田駅の新宿方から国鉄御殿場線の松田駅に繋がる連絡線が設けられ、小田急の気動車が国鉄線へ乗り入れを開始した。ヘッドマークを掲出した民鉄の準急列車と国鉄車両の出会いは日常的な光景となった。
◎御殿場線　下り687レD5272（国）＋貨車＆下り2707D特準「長尾」御殿場行キハ5101が追い越し
松田　1963（昭和38）年9月8日

小田急線から国鉄御殿場線へ乗り入れ、新宿駅〜御殿場駅間を結ぶ特別準急は1959（昭和34）年7月に2往復から4往復に増発された。列車名は従来の「銀嶺」「芙蓉」に加えて「朝霧」「長尾」が新たに設定された。
◎御殿場線　上り2704D特準「朝霧」キハ5002D後追い　東山北〜松田　1963（昭和38）年10月19日

キハ5101形とキハ5001形の2両編成で国鉄線内を行く準急「銀嶺」。キハ5101形は小田急線から国鉄御殿場線へ乗り入れる列車を増便するために装備された車両である。シートピッチがキハ5000形よりも拡大され、座席定員は94名から82名になった。
◎御殿場線　下り2711D特準「銀嶺」御殿場行　キハ5102＋キハ5001　山北～谷峨　1968 (昭和43) 年1月20日

谷峨駅の構内からは、国道を隔てて砂利が堆積した広い中州が目を惹く酒匂川（さかわがわ）の流れを望むことができる。駅の御殿場側では北方の山中で水を湛える丹沢湖を源とする河内川が流れ込む。西方へ遡って鉄路と同業二人の旅を続けるのは酒匂川だ。◎御殿場線　下り2705D特別準急「芙蓉」御殿場行　小田急キハ5102　谷峨　1963（昭和38）年９月８日

気動車時代の列車名を受け継いだ特急「あさぎり」。3000形SE車は国鉄御殿場線が電化されて以来、平成時代に至るまで運転された。当初の耐用年数は10年程度と想定されていたのに対して、思いのほか長きに亘って使用される車両となった。
◎御殿場線　下り2717急行「あさぎり4号」御殿場行　OER3100系5車体連接　谷峨～駿河小山　1979(昭和54)年8月1日

小田急の特急用車両群がまとう流麗な印象を定着させた3000形SE。末期には更新化改造で、容貌を原形から大きく変えていた。国鉄路線への乗り入れに際して増設された車端部の密着型連結器は二編成を連結する運用で使用する機会が増え、カバーを外したまま運転されるようになった。
◎御殿場線　下り2713M急行「あさぎり２号」御殿場行　OER3100系５車体連接　駿河小山　1979（昭和54）年８月１日

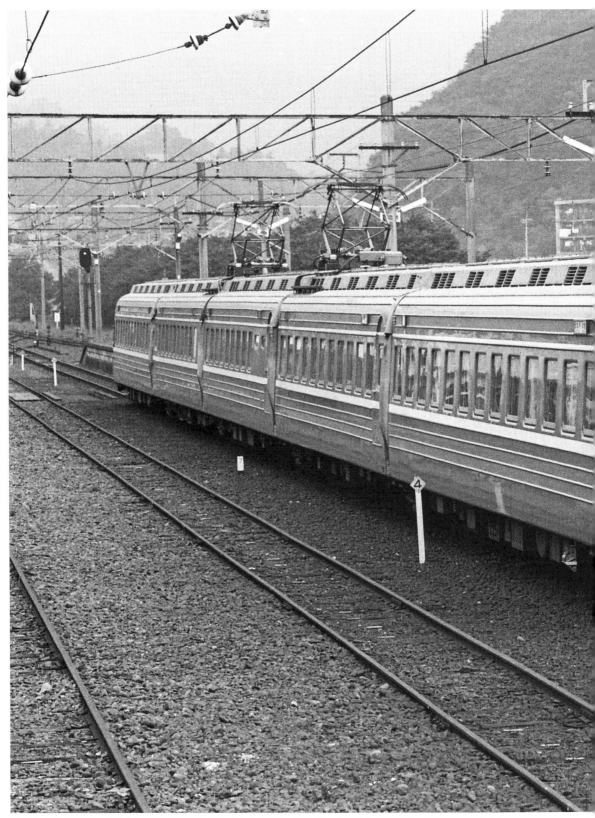

駿河小山駅を通過して行く小田急3000形の特急「あさぎり」。国鉄線への乗り入れに際し、原形の8両編成を5両に短縮したものを投入した。短編成化に当たっては8両編成から3両を抜き出して再組成。制御車がない編成には中間車に原形と同じ運転台を新調した。
◎御殿場線　下り2713M急行「あさぎり2号」御殿場行　OER3100系5車体連接　駿河小山　1979（昭和54）年8月1日

背景に連なる急峻な稜線が鉄道に隣接する箱根越えの厳しさを物語っているかのようだった。当初は東海道本線として計画された御殿場線は、天下の剣と称された難所を越える経路を避け、北西麓の谷筋に沿って建設された。
◎御殿場線　下り2765D特別準急「芙蓉」御殿場行　小田急キハ5100型　足柄〜御殿場　1966（昭和41）年1月9日

箱根登山鉄道

山を下りて来た列車から乗客がホームに降りている。改札口へ続く構内踏切は遮断機などが無い簡易な設え。傍らには利用客に注意を促す「危険」と記した立札があった。人気の温泉地らしくホームの周囲には旅館の看板がたくさん、行き交う人々の方を向いて建つ。◎箱根登山鉄道箱根登山線　下り強羅行　モハ104（黄色＆薄緑色）　箱根湯本　1958（昭和33）年1月4日

塔ノ沢駅を発車した下り列車は2本のトンネルを潜った先で、険しくなり始めた山中を流れる早川を上部トラス橋で渡る。橋梁を渡った先で線路は180度向きを変えてスイッチバック構造の出山信号場に至る。信号場付近から見下ろすと深い緑の絶景が広がった。◎箱根登山鉄道箱根登山線　下り強羅行　塔ノ沢～出山（信）　1967（昭和42）年6月3日

塔ノ沢駅から大平台駅に至る区間には出山信号場の
構内などを除いて、当路線で最大となる80‰の勾配
が続く。足元で線路が途切れるスイッチバック形状
の信号場構内から本線方を望むと、見た目にも急坂
と分かる線路が山影に向かって延びていた。
◎箱根登山鉄道箱根登山線
下り強羅行モハ109号　出山(信)
1967 (昭和42) 年6月3日

山中の温泉街に設置された大平台駅。構内の入り口付近で波形になった二対の分岐器が、ホームに至る2本の線路を結ぶ。向かって写真右側の線路は強羅方。左側の線路は小田原方へ続く。強羅方の500m先には、当駅と同じスイッチバック形状の構内を持つ上大平台信号場がある。
◎箱根登山鉄道箱根登山線　上り小田原行　モハ110号　大平台　1967（昭和42）年6月3日

標準軌1435mmで建設された箱根登山鉄道線。本路線の開業時に小田原電氣鉄道（現・箱根登山鉄道）は軌道路線の小田原市内線を営業していた。二つの路線が繋がることはなかったものの、既存路線の軌間を新規路線でも採用した。
◎箱根登山鉄道箱根登山線　上り小田原行　モハ106号　大平台　1967（昭和42）年6月3日

急坂を駆け下りる上り列車は、平坦な駅構内に入って一息付くかのように徐行した。モハ2形は昭和初期にチキ2形として導入された増備車で、主電動機はブラウン・ボベリ社。台車はスイス車両エレベーター製造社製とスイス製の電装機器を搭載した。◎箱根登山鉄道箱根登山線　上り小田原行デハ110　大平台　1967（昭和42）年6月3日

最大80‰の急勾配区間が連続する登山鉄道の車両は、非常時に備えて複数の制動装置を装備している。モハ1形は空気ブレーキ、手ブレーキのほか、下り勾配用の発電ブレーキ、非常用の電磁吸着ブレーキを併せ持つ。正面の窓越しには大きな手ブレーキ用のハンドルが見えた。◎箱根登山鉄道箱根登山線　下り強羅行モハ104号　大平台　1967（昭和42）年6月3日

電車にちゅうい

踏切横断には
危車に

箱根山中に設置された大平台駅。路線内で唯一、一般利用客が乗降できる行き止まり式スイッチバック構造の駅である。重厚な出で立ちのモハ1形は2両編成。停車中に運手士が後方車両の運転席に移動すると、入線時と同じ方向へ発車して行った。◎箱根登山鉄道箱根登山線　上り箱根湯本行　モハ101号　大平台　1967（昭和42）年6月3日

箱根登山鉄道の前身である小田原電氣鉄道が湯本（現・箱根湯本）駅〜強羅駅間の鉄道を開業した際に導入したチキ1形。急勾配区間向けの専用車両として7両が配置された。1950（昭和25）年に全車が車体の鋼体化と複電圧化改造を受け、形式をモハ1形と変更した。◎箱根登山鉄道箱根登山線　上り小田原行　モハ106号　大平台　1967（昭和42）年6月3日

木々に包まれた急曲線区間を走り抜けて、国道1号に隣接する小涌谷駅へ入線する上り列車。当駅の近辺には半径30ｍの曲線がある。曲がりくねった経路は、路線の建設に際し「周囲の景観を極力損なわない」という条件を管轄機関から付されたことへの配慮といわれる。
◎箱根登山鉄道箱根登山線　上り小田原行　モハ110号＋107号　小涌谷　1967（昭和42）年6月3日

乗降乗り場が1本のホームで縦に並んだ構内配線を備える強羅駅。終点駅に到着した列車は、乗客が降りた後で折り返し運転に備えて乗車位置が記された終端車止め方へ進む。ホームの終端方には車庫と側線が設置され、次の運用を待つ電車が停車していた。◎箱根登山鉄道箱根登山線　上り小田原行モハ111他2連　強羅　1975（昭和50）年11月8日

小涌谷駅で顔を揃えたモハ1形の上下列車。正面から見ると更新時に装着された密着型連結器が、車両の中心よりも片側へ寄った位置にある様子が分かる。三線軌条区間で非常時に小田急車両などとの連結を想定した上での措置だった。
◎箱根登山鉄道箱根登山線　上り小田原行　モハ107号＆下り強羅行モハ102号　小涌谷　1967（昭和42）年6月3日

列車の発着が一段落して静けさが漂う終点駅。構内からは明神ケ岳等、南足柄市と箱根町の境界となる稜線が遠望される。
ホーム越しに三角屋根が覗く建物は駅舎で、山小屋を想わせる姿は登山鉄道を象徴する施設として観光客に親しまれた。
◎箱根登山鉄道箱根登山線　モハ111他2連外留置車両　強羅　1975（昭和50）年11月8日

鉄道線は終端区間付近で、東海道と箱根裏街道を結ぶ県道沿いを通る。強羅は明治時代から別荘地、行楽地として発展した地域だ。沿線には彫刻の森美術館などの文化施設や旅館、ホテルが点在している。
◎箱根登山鉄道箱根登山線　上り小田原行モハ111他2連　強羅～彫刻の森　1975（昭和50）年11月8日

車庫で待機するモニ1形。鉄道線の開業時から使用されて来た電動貨車に替わって、1975（昭和50）年に導入された。形式には荷物車を表す「モニ」が付されているが、資材運搬などに用いられる事業用車両である。現在二つ装備している前照灯は新製当初一つだった。◎箱根登山鉄道箱根登山線　電動貨車1号（通称：魚菜電車）　強羅　1979（昭和54）年5月27日

強羅駅のホームは乗車口と降車口が縦に並ぶ構造。しかし改札口などに隔てられてホーム上で二つの乗り場を行き来することは出来ない。到着した下り列車は行先表示板を掛け替えて乗車口まで動き始めた。乗車番号札の下では帰路に着く観光客が列をつくっていた。◎箱根登山鉄道箱根登山線　上り小田原行　強羅　1979（昭和54）年5月27日

線路の先が途切れているかのように見える上り坂から、強羅行の列車がせり上がるように姿を現した。平坦な構内まで進んだモハ1形はホームに向かって徐行する。線路が交錯する分岐器付近では駅員が手旗を携えて列車を出迎えていた。
◎箱根登山鉄道箱根登山線　下り強羅行　モハ102号　大平台　1967（昭和42）年6月3日

江ノ島鎌倉観光電鉄

500形が停車する地上ホーム時代の藤沢駅。当駅の開業は江之島電氣鐵道時代の1902（明治35）年で、国鉄駅の開業から15年後のことだった。現在の乗り場ホームを含む駅ビルは1974（昭和49）年に竣工した。
◎江ノ島鎌倉観光電鉄線　デハ552＋デハ502　藤沢　1958（昭和33）年8月16日

モノコック構造の車体を載せた連接車の500形。江ノ島鎌倉観光時代の1956（昭和31）年、1958（昭和33）年に2編成が導入された。正面窓に曲面ガラスを用い、強い丸みを帯びた車体と共に既存の同社車両と一線を隔す近代的な姿だった。
◎江ノ島鎌倉観光電鉄線　上り藤沢行501＋551　江ノ島　1979（昭和54）年9月10日

既存の車両を2両組み合わせて連接車化した300形。302編成は100形の101、102番車を1957（昭和32）年に東洋工機で改造した車両だ。台車は連接部の中間台車を含め、種車が装備していた板台枠仕様のものを一部改造の上で流用した。
◎江ノ島鎌倉観光電鉄線　上り藤沢行302＋352　1979（昭和54）年9月10日

集電ポールを降ろして終点駅の留置線で休む101形。江ノ島電気鉄道時代の昭和初期に製造された。108番車は1931（昭和6）年に新潟鐵工所で製造された4両のうちの1両。同形式は昭和50年代の半ばまで2両が定期列車に充当された。
◎江ノ島鎌倉観光電鉄線　108（通称単コロ）＆303＋353　江ノ島　1979（昭和54）年9月10日

藤沢方面へ走り去る300形。集電ポールを長々と列車の後部に伸ばしていた。改造時に種車から受け継いだトロリーポール
は、1964（昭和39）年にＺ形のパンタグラフへ換装され、昭和50年代に入ってから菱形のパンタグラフに再換装した。
◎江ノ島鎌倉観光電鉄線　上り藤沢行　デハ355＋303　稲村ケ崎　1963（昭和38）年6月22日

中腹に住宅が建ち並ぶ小山の影から鎌倉行きの列車が顔を出した。列車の交換施設を備える有人駅の稲村ヶ崎駅。かつては近くにある極楽寺検車区から出入区する電車に合わせて、当駅を始発終点とする列車が設定されていた。
◎江ノ島鎌倉観光電鉄線　下り鎌倉行　デハ353＋303　稲村ケ崎　1963（昭和38）年6月22日

1990（平成２）年に公開された映画「稲村ジェーン」で相模湾に突き出した稲村ケ崎など周辺の海辺が舞台となり、愛好家にとって聖地の一つとなった稲村ケ崎駅。サーファーで賑わう海岸は、駅から200ｍほどの距離だ。
◎江ノ島鎌倉観光電鉄線　下り鎌倉行　デハ303＋353　稲村ケ崎　1963（昭和38）年６月22日

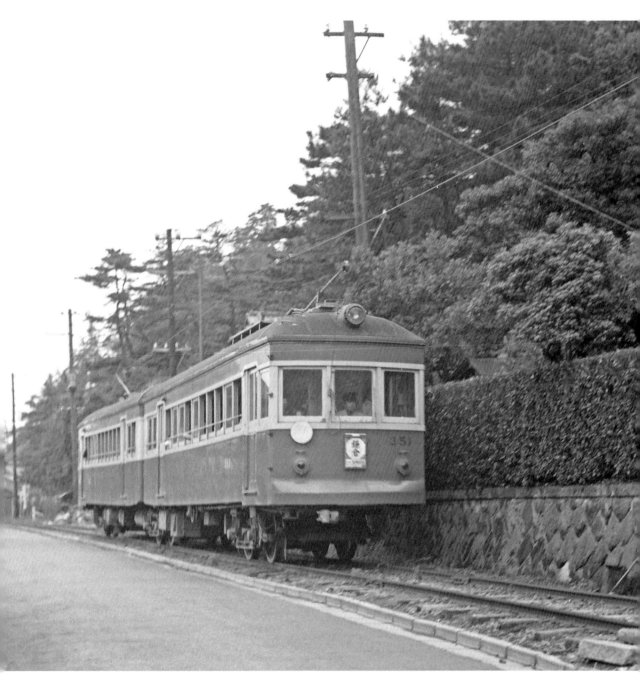

線路を隔てて道路の反対側に建つ家屋の玄関先からは、簡素な造りの踏切が所々に設置されている。普段は人通りが少ない住宅街では、生垣などに遮られて見通しのおぼつかない場所もある。地域の安全は住民と電鉄会社双方の信頼で成り立っていた。◎江ノ島鎌倉観光電鉄線　下り鎌倉行　デハ351＋301　稲村ケ崎〜極楽寺　1963（昭和38）年6月22日

旧型車2両を永久連結化した200形。201は100形の112番車を改番した車両で、201番車としては2代目となる。連結車は当時、車両などの近代化を推し進めようとしていた江ノ電にとって、500形などの連接車に繋がる布石となった。
◎江ノ島鎌倉観光電鉄線　デハ201＋251　極楽寺車庫　1963（昭和38）年6月22日

極楽寺駅から藤沢方面へ向かう経路で、線路は海辺を横切る国道へ繋がる旧道沿いに続いている。道路から若干高い位置にバラストを敷いて設置された軌道は列車の専用である。線路脇には資材などが置かれ、間もなく保線作業が始まろうとしていた。◎江ノ島鎌倉観光電鉄線　上り藤沢行　デハ304＋354　極楽寺〜稲村ケ崎　1963（昭和38）年6月22日

列車の運転間隔は10分から15分程度。沿線に点在する警報機がない踏切では、近づいてくる車輪の響きに耳を傾けながら列車の通過を待つのが、沿線住民にとっては日常生活の習慣だ。電車も周囲に気を配るかのように、ゆっくりと進んで行った。◎江ノ島鎌倉観光電鉄線　上り藤沢行　デハ304＋354　極楽寺〜稲村ケ崎　1963（昭和38）年6月22日

麓に極楽寺や成就院などの名刹が点在する森を貫く極楽寺ト
ンネルの鎌倉方に設置された長谷駅。折しも100形と300形
の上下列車が交換中だった。駅舎に隣接するホームは幅が広
く、鎌倉行きの列車乗り場と反対側に行き止まり線がある。
◎江ノ島鎌倉観光電鉄線　下り鎌倉行
デハ355（右）上り藤沢行デハ105（左）　長谷
1963（昭和38）年6月22日

鎌倉大仏で知られる光徳院の最寄り、
長谷駅。四季を通じて多くの参拝客が
訪れる、観光路線江ノ電を象徴する駅
の一つだ。電鉄にとっては保線の拠点
でもあり、詰所が並ぶ構内には枕木が
山積みされていた。
◎江ノ島鎌倉観光電鉄線
下り鎌倉行　デハ355　長谷
1963（昭和38）年6月22日

鎌倉方で一仕事終えた電動貨車が列車の交換施設を備える長谷駅に入って来た。アジサイの花が沿線を飾る梅雨時。手狭な
運転台に一人立つ運転士は半袖シャツの袖をまくり上げ、額に汗を湛えつつ前方を見据えていた。
◎江ノ島鎌倉観光電鉄線　上り貨物電車　デト2号　長谷　1963（昭和38）年6月22日

鎌倉の市街地では木造家屋が密集する住宅街の間を縫って進む。垣根越しに姿を現れた古参電車はホーム1面1線の小駅で小休止。やがて警報機の無い踏切が横切る細い交差点にやって来た。終点の鎌倉駅まではあと僅かだ。
◎江ノ島鎌倉観光電鉄線　下り鎌倉行デハ105　和田塚　1963（昭和38）年6月22日

旧型車2両を連接車に仕立てた300形。304編成は100形の106、109番車を組み合わせた車両だ。車端部に排障器などを装着していなかった頃の姿を正面から見ると、小柄な台車にはやや大振りと映る車体が載る車両の構造が良く分かった。
◎江ノ島鎌倉観光電鉄線　下り鎌倉行　デハ354＋304　長谷　1963（昭和38）年6月22日

スコップを手にした社員が線路脇に保線用の資材を降ろしていた。線路上には無蓋車の両端部に運転台を載せた姿の電動貨車が。普段は見慣れない光景に引き寄せられて、踏切が渡る路地から子ども達が顔を覗かせた。
◎江ノ島鎌倉観光電鉄線　貨物車デト2　和田塚〜由比ガ浜　1963（昭和38）年6月22日

事業用車両のデト2形。親会社の東京急行電鉄（大東急）から1947（昭和22）年に譲渡された元デト3010形である。集電ポールを上げた古風な姿が沿線の庭木と良く馴染み、遠い日本の街風景を描いていた。
◎江ノ島鎌倉観光電鉄線　上り貨物電車デト2　鎌倉～和田塚　1963（昭和38）年6月22日

半鋼製の11m級車体を載せた小型車も、近くから仰角で見るとかなりの迫力。前面に掲げる行先表示板に記された駅名は旧字体だった。その回顧調の設えが昭和初期に製造された電車と程良く馴染んでいた。
◎江ノ島鎌倉観光電鉄線　上り藤沢行デハ105　鎌倉～和田塚　1963（昭和38）年6月22日

鎌倉駅に停車する800形。昭和初期から昭和30年代の半ばまで、山梨県下で鉄道路線を運営していた山梨交通が1948（昭和23）年に導入した元7形である。同路線の廃止後に上田丸子電鉄（現・上田交通）へ譲渡され、1971（昭和46）年に江ノ島鎌倉観光（現・江ノ島電鉄）にやって来た。
◎江ノ島鎌倉観光電鉄線　上り802＋801（元・山梨交通7型）　鎌倉　1979（昭和54）年9月10日

伊豆箱根鉄道

元国電の17m級車3両編成で運転していた昭和時代後期の列車。先頭のクハ181形は、元クハ32形で駿豆鉄道（現・伊豆箱根鉄道）時代の1951（昭和26）年に移譲された。元は2扉車であり左右の乗降扉は原形時のまま、車端部に近い位置に設置されている。
◎伊豆箱根鉄道大雄山線　下り大雄山行　クハ181＋モハ152＋モハ151　五百羅漢〜穴部　1979（昭和54）年5月26日

駅名の由来である「多古の五百羅漢」が祀られている玉宝寺の最寄り駅である五百羅漢駅を発車した下り列車は、付近を南北に横切る小田急小田原線と東名高速道路を潜る。五百羅漢駅から南方に500m程離れて、小田原線の足柄駅がある。
◎伊豆箱根鉄道大雄山線
上り小田原行
モハ158＋サハ184＋モハ157
穴部～五百羅漢
1979（昭和54）年5月26日

小田原から酒匂川に注ぐ狩川を遡り、足柄街道沿いに栄えた南足柄市内の関本宿に設置された大雄山駅に至る大雄山線。小田原市の郊外路線で、開業時には河川敷に田畑が広がっていた沿線は、昭和末期になると家屋が密集していた。
◎伊豆箱根鉄道大雄山線
上り小田原行
モハ163＋モハ164＋クハ185
穴部～五百羅漢
1979（昭和54）年5月26日

1000系には親会社である西武鉄道か
らの譲渡車が含まれていた。1975（昭
和50）年から1979（昭和54）年にかけ
て501系10両を譲り受け、3両編成3
本に組成して運用した。車体塗装は赤
電と呼ばれた西武時代のままだった。
◎伊豆箱根鉄道駿豆線
上り三島行　大仁～田京
1980（昭和55）年2月3日

駿豆線で運転する車両の新性能化を図るべく、初の新製車両として導入された1000系。1963（昭和38）年から1971（昭和46）年にかけて3両編成4本が製造された。行先表示器や乗降扉戸袋窓の有無など、編成によって細部の仕様が異なる。
◎伊豆箱根鉄道駿豆線
下り修善寺行　田京～大仁
1980（昭和55）年2月3日

起点駅の構内には沼津と行先表示を掲げた電車が並んでいた。左側の車両内には乗客の姿が見え間もなく発車する様子だ。
その向こうには理髪店の看板があり、停留場が市街地の奥まった場所にあることを窺わせている。
◎伊豆箱根鉄道軌道線　デハ204＆デハ202　三島広小路　1962（昭和37）年１月28日

1961（昭和36）年6月28日に発生した洪水で臼井産業前～黄瀬川間の黄瀬川に架かる橋梁が流失。国立病院前～沼津間が運転休止となった。営業を続ける区間の駅ホームなどには、国立病院前停留場で代行バスに乗り換える旨を利用客に伝える看板が建て掛けられていた。◎伊豆箱根鉄道軌道線　デハ202　三島広小路　1962（昭和37）年1月28日

全盛期には５両が在籍し軌道線の主力車両だったモハ200形。元は西武鉄道の車両で、淀橋停留場と新宿停留場を結ぶ新宿
軌道線に導入された。新宿軌道線は後に東京都が買収し、都電杉並線の一部となった。
◎伊豆箱根鉄道軌道線　デハ204　三島広小路　1962（昭和37）年１月28日

三島市の南西部から隣町の沼津へ延びていた伊豆箱根鉄道軌道線。多くの区間は県道三島沼津線上を通っていた。起点駅を出て駿豆線から離れた路面電車は、低い家並みが続く商店街の中を西に進んで行った。
◎伊豆箱根鉄道軌道線　沼津行デハ202　三島広小路〜木町　　1962（昭和37）年1月28日

架線は二階建て家屋の屋根と同じくらいの高さに張られ、本線上に出た電車は集電ポールを高く伸ばしていた。軌道は広くはない道路の中程に敷かれ、電車が通過すると普通自動車の通行は困難な様子。自家用車が庶民の交通手段として台頭する前夜の光景だ。◎伊豆箱根鉄道軌道線　沼津行デハ202　三島広小路～木町　1962（昭和37）年1月28日

黄瀬川の左岸近くにあった軌道線用車両の車庫。2線の方形車庫が建ち、整備線や留置線などを備えていた。洪水による区間運休後も継続営業区間内にあったことが幸いし、全線の廃止まで車両基地としての役割を果たしていた。
◎伊豆箱根鉄道軌道線　木造車デハ15＆デハ16（建屋内）　長澤車庫　1962（昭和37）年1月28日

乗降扉を開け側線で休むモハ200形。側面を被う縦板や正面窓上の低い位置に配置された前照灯が、古典的な風合いを醸し出していた。また集電ポールを備える電車は、国鉄民鉄の各車で新性能車両が続々と登場した昭和30年代には、希少な存在となっていた。◎伊豆箱根鉄道軌道線　デハ206　三島広小路　1962（昭和37）年1月28日

車庫前で集電ポールを下げて休むモハ15形。元大雄山鉄道のデハ1形で、後に伊豆箱根鉄道の路線となった大雄山線が開業した際に導入された大正時代生まれの車両である。正面周りは非貫通の三枚窓仕様で、中央の窓は左右のものと寸法が異なる。◎伊豆箱根鉄道軌道線　木造車デハ16　長澤車庫　1962（昭和37）年1月28日

折り返し運転に備えて集電ポールの昇降を行うモハ200形。運転士が正面窓から身を乗り出して、ポールに結ばれたロープを引っ張っていた。運休区間手前の光景だが電車の行先表示は、従来の終点である沼津のままになっていた。
◎伊豆箱根鉄道軌道線　デハ206　国立病院前　1962（昭和37）年1月28日

洪水被害以降、三島方面からの電車が折り返す軌道線で事実上の終点になった国立病院前停留場。旧東海道の長沢中交差点付近にあった。軌道線が健在だった頃の道路は未舗装。道沿いに家屋が建ち並んでいるようだが、その向こうには雑木林が広がるのどかな地域だった。◎伊豆箱根鉄道軌道線　デハ206　国立病院前　1962（昭和37）年1月28日

国鉄東海道本線の貨物駅に隣接した、国鉄駅舎の西側に軌道線の沼津駅前停留場があった。写真は洪水被害による区間運休から7か月が過ぎた頃の撮影で、鋼柱に建て掛けられた代行バスの運転を案内する看板は、かなりくたびれた様子だった。
◎伊豆箱根鉄道軌道線　黄瀬川橋梁流失で運休中デハ17＆デハ203　国鉄沼津駅前発着場　1962（昭和37）年1月28日

不通区間で運転した代行バスには自社のバスを充当した。バスの運転区間は国立病院前～沼津駅前間だったが、バスの正面には「電車代行　沼津←病院前→三島」と記載した紙が貼られ、利用客にバスと電車双方の運転区間を伝えていた。
◎伊豆箱根鉄道軌道線　沼津駅前～国立病院前間代替バス　国立病院前　1962（昭和37）年1月28日

伊豆急行

熱海駅に乗り入れた伊豆急の普通列車。自社所属の100系で組成され、電動車制御車、付随車を交互に連結した5両編成だった。前から4両目に2等・3等合造車のサロハ180形が見える。隣のホームには配給車を牽引するEF58が停車中。車体は当時の機関車、客車などでは一般的だったブドウ色の塗装で、旧型電気機関車らしい雰囲気を湛えていた。
◎伊東線
下りMデハ115＋クハ165＋デハ100型＋サロハ181＋デハ100型、東海道線下り配レEF5821（浜）熱海
1961（昭和36）年12月24日

熱海駅に停車する伊豆急からの伊東線乗り入れ列車。先頭のクモハ126は東京オリンピックが開催された1964（昭和39）年に増備された車両だ。運転台の下部2か所に設置された前照灯や新たに搭載した行先表示器などで、先に製造された同形式車と異なる表情になった。
◎伊東線　伊豆急下田行
伊豆急100系　熱海
1966（昭和41）年1月

2枚扉の間に狭い窓を連ねた姿が往年の優等列車を彷彿とさせる、クモハ43形を先頭にした国鉄の普通列車。当時から人気の観光地だった伊東へ向かう列車では2等車の需要が高く、普通列車にも2等・3等合造車のサロハ49形を連結していた。
◎伊東線
上り614M熱海行 クモハ43013＋クモハ43＋サロハ49＋モハ70×2＋クハニ67802　来宮
1962（昭和37）年1月28日

鉄道での小荷物・郵便輸送が全国各地で行われていた国鉄時代。長距離を走る急行列車などに加えて、比較的走行距離が短い普通旅客列車でも、編成の前後に荷物車を連結することが多かった。クハニ67形は40系電車に属する3等荷物合造車で、昭和10年代に8両が製造された。
◎伊東線
上り614M熱海行 クハニ67802　来宮
1962（昭和37）年1月28日

伊豆急行線の起点となった伊東駅。構内は開業当初より、既存の国鉄伊東線と共用した。新たな鉄道線の開業時には周囲を
土産物店などに囲まれ、小ぢんまりとした駅前広場に地元の観光協会が用意した祝塔が建てられた。
◎伊豆急行　伊豆急開業記念祝賀塔　伊東　1961（昭和36）年12月11日

周囲が行楽地、別荘地として発展することを願い、爽やかな印象の名称で開業した伊豆高原駅。八幡野口の改札付近にはコンクリート製のラッチが並ぶ。車両基地側に設置された出入口は1994（平成6）年に閉鎖された。
◎伊豆急行　八幡野口デコレーション　伊豆高原　1961（昭和36）年12月10日

開業当初から運転していた貨物専用列車には、親会社の東京急行電鉄から借り受けた旧型電車を充当した。デハ3600形は第二次世界大戦下で被災した国鉄所属の電車を、戦後に復旧した車両群に含まれる一形式である。
◎伊豆急行　伊豆急荷電代行　デハ3608（東急所属）　伊豆高原　1961（昭和36）年12月10日

153系の10両編成で運転していた急行「おくいず」。伊豆急行線の開業で東京駅〜伊豆急下田駅間を直通する列車になった。ホームでは電気系統の保守に勤しむ作業員が横梁に座り、天狗のように上方から電車を見守っていた。
◎伊豆急行　下り急行「おくいず」153系10連　伊豆高原　1961（昭和36）年12月11日

竣工から間もない谷間を渡る築堤は初々しさを湛えていた。富戸駅〜伊豆高原駅間は途中に全長約1.2kmの富戸トンネルがある山中の路。鉄道沿線は高度経済成長下で別荘街となり、城ヶ崎海岸駅が伊豆高原駅寄り2kmの地点で1972（昭和47）年に開業した。◎伊豆急行　上り各停100型5連　伊豆高原〜富戸　1962（昭和37）年1月28日

伊豆半島の東沿岸部に延びる伊豆急行線は、紫紺の太平洋が車窓に続く海岸路線の印象が強い。しかし、沿線の西側には箱根方面から続く急峻な稜線がそびえ、海辺の町を結ぶ途中には小さな山越えが控えて、山岳路線の様相を呈している区間が少なくない。◎伊豆急行　下り伊豆急下田行100系３連　伊豆大川　1961（昭和36）年12月11日

東伊豆町の大川地区は、字名の由来となった大川が流れる谷に開けた集落。鉄道周辺は山間の風情だが、地区の東側は相模灘に面している。伊豆大川駅の伊東側で線路は大川を渡る。新規開業時に架けられた橋梁は両端部がコンクリート製で、川面を跨ぐ部分は鋼製のプレートガター橋だった。
◎伊豆急行　上りクモハ110型＋クハ150型　伊豆大川　1963（昭和38）年1月12日

伊豆急行が新規開業に合わせて導入した100系には、両運転台車や中間付随車などの形式があり、単行から長編成まで多様な運転形態に対応した。正月明けの閑散時間帯に運転する普通列車は、2両編成の身軽ないで立ちでやって来た。
◎伊豆急行
下田行100系2連　片瀬白田
1963（昭和38）年10月27日

伊東からいくつものトンネルを抜けて、
伊豆半島東岸の内陸部を南下して来た
伊豆急行線は、片瀬白田駅を過ぎると進
路を東南に向け、相模灘の波打ち際へ躍
り出る。線路は頑強な防波堤が続く海
岸よりも高い位置に敷設された。
◎伊豆急行　上り100系4連
片瀬白田
1963（昭和38）年1月12日

開業初日。山裾を走り抜けて普通列車がやって来た。自社車両の100系による５両編成。先頭は電動制御車のモハ116だ。貫通扉に開けられた大きな窓の向こう側では、作業用の帽子を被った技術者と思しき方が、神妙な面持ちで前方を凝視していた。◎伊豆急行　下り普通　デハ116他５連　伊豆急下田　1961（昭和36）年12月10日

伊東方面へ引き返して行く国鉄の祝賀列車。急行列車用の153系を連ねた10両編成は、後ろから2両目にグリーン車を連結している。また、しんがりを務める制御車の乗務員室には、駅で執り行われた式典で乗務員に渡された花束が見えた。
◎伊豆急行　上り3714M伊豆急開業記念祝賀電車東京行　国鉄153系10連　伊豆急下田　1961（昭和36）年12月10日

国鉄伊東線から乗り入れて来た国鉄の普通列車。先頭車の貫通扉に「伊豆急下田⇔熱海」と記載した行先表示板を掲出していた。スカ色塗装のクモハ43形と70系電車を併結した編成は、旧型電車で運転していた過渡期の横須賀線を彷彿とさせる姿だった。
◎伊豆急行　下り到着　クモハ43＋クモハ43＋サハ49＋クモハ43＋サハ47＋モハ70＋クハ76
伊豆急下田　1963（昭和38）年1月12日

国鉄の祝賀列車が停車する隣のホームに100系の普通列車が停まった。「伊東・下田」と普通の行き先表示板を掲出していたが、真新しい車体は輝き、開業の喜びを静かに演出しているかのよう。またホームの上屋には祝開通と記された三角形の旗がいくつも飾られていた。
◎伊豆急行　開業記念東京行祝賀電車＆デハ101他3連伊東行　伊豆急下田　1961（昭和36）年12月10日

東京急行電鉄から伊豆急行へ貸し出されたデハ3600形は、入線からしばらくして車体を100系等と同じ、オーシャングリーンとハワイアンブルーで塗分けた伊豆急色に塗装された。車体側面には東急の英語略称であるT.K.Kの表記が残されていた。
◎伊豆急行　荷物電車 デハ3608（元・東急車）　伊豆急下田　1963（昭和38）年10月27日

100系の6両編成で運転する急行列車。20m級車両を連ねた姿は、長編成が多かった国鉄の列車と並んでも遜色無かった。また、車体塗装と一体感がある行先表示板に新鋭会社の意匠に対するこだわりを見て取ることができた。
◎伊豆急行　上り急行熱海行 クモハ115他100系6連　伊豆急下田　1963（昭和38）年1月12日

近郊型の新性能車両として開発された国鉄113系電車は、1963（昭和38）年から伊東線へ投入された。同時に伊豆急行線へ乗り入れる運用も旧型国電から引き継いだ。制御車前面の列車種別器は空欄で、貫通扉に伊豆急仕様の行先表示板を掲出していた。
◎伊豆急行　113系快速熱海行（左）、下り快速下田行100系クモハ117到着　伊豆急下田　1964（昭和39）年9月30日

伊豆急行線の終点伊豆急下田駅は、下田街道が並行する下田町（現・下田市）の市街地北部に建設された。開業時の駅周辺は建物もまばらな様子だったが、開業日には駅前広場に祝賀塔が建てられ、駅舎の周りに多くの花輪が飾られて華やいだ雰囲気に包まれていた。◎伊豆急行　開業記念祝賀塔　伊豆急下田　1961（昭和36）年12月10日

【著者プロフィール】

篠原 力（しのはら つとむ）

1940（昭和15）年1月、東京市本所区生まれ。幼少の頃から両国駅の転車台を見に行き、鉄道に興味を抱く。一時期鉄道友の会入会。

1959（昭和34）年5月、東京都交通局入局。同日地下鉄建設部配属。都営地下鉄4路線の建設計画・設計および保守管理業務に携わる。

2000（平成12）年3月、東京都交通局定年退職。在職中は余暇を利用し、全国の鉄道を見て歩き旅を行う。現在は機関車牽引列車の撮影および撮り貯めた写真の整理・デジタル化に取組中。

【解説者プロフィール】

牧野和人（まきの かずと）

1962（昭和37）年、三重県生まれ。

写真家。京都工芸繊維大学卒業。幼少期より鉄道の撮影に親しむ。2001（平成13）年より生業として写真撮影、執筆業に取り組み、撮影会講師等を務める。全国各地へ出向いて撮影し、時刻表・旅行誌・趣味誌等に作品を多数発表。著書多数。

【写真提供】

長谷川 明（小田急のカラー写真）

小田急線と湘南・伊豆の電車
1960年代～70年代の記録

発行日……………………2024年4月30日　第1刷　　※定価はカバーに表示してあります。

著者…………………………篠原力（写真）、牧野和人（解説）

発行人………………………高山和彦

発行所………………………株式会社フォト・パブリッシング

　　　　　　　　　　　〒161-0032　東京都新宿区中落合2-12-26

　　　　　　　　　　　TEL.03-6914-0121　FAX.03-5955-8101

発売元………………………株式会社メディアパル（共同出版者・流通責任者）

　　　　　　　　　　　〒162-8710　東京都新宿区東五軒町6-24

　　　　　　　　　　　TEL.03-5261-1171　FAX.03-3235-4645

デザイン・DTP………柏倉栄治

印刷所………………………長野印刷商工株式会社

ISBN978-4-8021-3465-1 C0026

本書の内容についてのお問い合わせは、上記の発行元（フォト・パブリッシング）編集部宛てのEメール（henshuubu@photo-pub.co.jp）または郵送・ファックスによる書面にてお願いいたします。